AF340464

LA POLOGNE,

LA RUSSIE ET L'EUROPE,

DISCOURS

PRONONCÉ LE 29 NOVEMBRE, JOUR ANNIVERSAIRE

DE

L'INSURRECTION NATIONALE

POLONAISE.

Par Cantorberi Tymowski.

Nonce polonais.

PRIX : 1 FRANC.

PARIS.

IMPRIMERIE DE P. BAUDOUIN,

RUE MIGNON, 2.

—

1836.

DÉDIÉ

AU

PEUPLE FRANÇAIS.

ERRATA.

Page 4, ligne 13, *au lieu de :* pesant, *lisez :* posant.

Page 7, ligne 9, *au lieu de* : militaire, *lisez* : milliaire.

Page 8, ligne 20, *au lieu de :* sans cesse l'étroit espace , *lisez :* sans cesse l'espace.

Page 10, ligne 27, *au lieu de* : Polsiski, *lisez* : Sobieski.

Page 12, ligne 21, *au lieu de :* Syrie, *lisez* : Styrie ; *au lieu de :* Leinz, *lisez :* Linz.

Page 12, ligne 23, *après* sceptre, *placez la note* (12).

Page 13, ligne 18, *au lieu de :* Magdars, *lisez :* Magyars.

Pages 13-14, *au lieu de :* Menul, *lisez :* Memel.

Page 14, ligne 28, *après* finances, *lisez :* rassurer ses, etc.

LA POLOGNE,

LA RUSSIE ET L'EUROPE,

DI COURS

PRONONCÉ LE 29 NOVEMBRE, JOUR ANNIVERSAIRE

DE

L'INSURRECTION NATIONALE

POLONAISE,

Par Cantorberi Tymowski,
Nonce polonais.

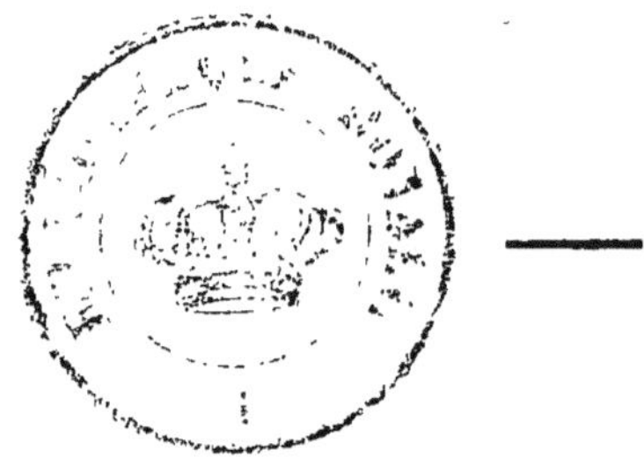

———

PARIS

IMPRIMERIE DE P. BAUDOUIN,
rue Mignon, n° 2.

—

1835.

Compatriotes,

Le cinquième anniversaire de l'insurrection nationale du
29 novembre, continuation de celle dont l'immortel Kos-
ciusko à ouvert la glorieuse carrière, nous réunit encore
sur la même terre d'exil. Le comité central français, ce fi-
dèle et généreux compagnon de nos douleurs, nous assiste.
La Fayette n'est plus; mais il inspire nos cœurs, il y vit. Le
doyen de sa famille, que notre reconnaissance a adopté,
l'illustre Lasteyrie vient à sa place, et, attristé comme nous,
réveiller dans cette enceinte les mêmes sentimens et les
mêmes espérances. Nous retrouvons ici, pour faire valoir nos
plaintes, nos droits, et nos vœux, cette même tribune, renforcée aujourd'hui par le progrès du temps, des lumières et

et de l'expérience, du haut de laquelle, à la mémorable diète de 1791 (1), nous appelâmes aux armes et à la liberté le peuple polonais, ce peuple brave et vertueux, ce noble producteur des moissons, dont la dotation et l'émancipation doivent être assurées. C'est la condition vitale de la liberté et de la puissance future de la Pologne.

Au moment où l'autocrate Nicolas vient de déclarer, avec son insolence accoutumée, que la nationalité polonaise est une chimère, nous voilà fiers de pouvoir présenter, aux regards de l'Europe, ces mêmes citoyens, naguère représentans d'une Pologne libre, dont les jeunes courages et le zèle éclairé battaient en brèche le mur vieux, mais puissant encore de préjugés, et tonnaient contre les usurpations de la Russie ; ces mêmes héros dont les faux campagnardes ont conquis sur le champ de Raclavicé (2), des lauriers jusqu'alors inconnus ; ces derniers combattans, dans cette lutte inégale, qui à l'exemple d'Enée, ont sauvé les pénates, l'honneur et l'histoire de la patrie (3), et à côté de ces chênes antiques qu'une seconde proscription n'a pu courber, les vaillans insurgés de novembre, les vainqueurs de Grockow et les victimes saignantes de Varsovie. Nous n'hésitons pas ; appuyés sur ces actes de dévouement non interrompus, devant ceux qui les ont accompli, et à la vue des monumens qui en font foi, de réclamer la délivrance de cette nationalité vivante en eux et en nous, et qu'un joug de fer est loin d'étouffer dans le cœur des millions de nos frères, heureux de se souvenir toujours que la liberté fut leur mère.

Je ne trouve pas opportun de m'occuper présentement de la grave question d'une réforme sociale, prête à suivre la régénération de la Pologne et impatiente de vivifier et de re-

tremper au plus tôt les forces immenses et les riches maté-
riaux dont l'inertie et l'abandon ont causé sa ruine. L'expérience acquise me paraît assez puissante, les volontés assez
sages, l'intérêt général suffisamment compris, pour dou-
ter que cette révolution ne s'accomplisse avec le bien de la
patrie par des moyens consciencieux, sans commotions intestines et sans léser aucun des droits fondamentaux assurés
par l'égalité contre les abus possibles du pouvoir réforma-
teur.

La haute question du rétablissement de la Pologne sera le
but principal de mon discours.

Si je regardais cette grande cause sous l'aspect étroit de
personnalité nationale, en l'appuyant, je n'irais pas m'en-
quérir des effets dont sa réalisation pourrait frapper plusieurs
intérêts intermédiaires, placés dans le cercle de cette révolution politique; je n'examinerais pas la part du succès qu'ils
trouveraient dans son accomplissement.

Si je la considérais uniquement comme un droit commun,
existant pour elle dans la liberté future du monde entier,
je pourrais me résoudre à invoquer le concours puissant
de l'opinion appelée esprit du temps; je courrais à ces
foyers nombreux qu'elle prépare sur presque toutes les bor-
nes de l'Europe; j'y apporterais les élémens les plus incen-
diaires, et je me fierais aux résultats probables d'une lutte
plus ou moins éloignée, entre les deux principes ennemis, qui,
face à face, se surveillent, se mesurent et agglomèrent leurs
forces.

Or, comme l'intérêt de la Pologne me paraît affecter osten-
siblement l'économie sociale de l'Europe; qu'il est flagrant et
positif, puisque je le regarde comme la clef arrachée de la

voûte de l'édifice européen ; comme ce méfait, en compromettant la position des complices, n'a réellement profité qu'à son principal auteur ; qu'il est constant que l'anarchie politique de l'Europe provient et date de l'époque où il a été commis et toléré, parce qu'enfin la continuation de cet état anormal ne pourra qu'amener bientôt des désastres inouïs, je crois ne pas me tromper en recherchant, sur ce terrain même, un levier d'Archimède pour soulever les droits imprescriptibles de ma nation, dont le rétablissement doit être dû, non pas seulement aux efforts isolés qu'elle pourrait faire, efforts tant de fois trahis, mais au concours universel de la famille européenne.

D'après ces données, et pesant d'abord le théorème, que la Pologne est la nécessité de l'Europe, j'irai à l'appréciation de la puissance actuelle de la Russie, à la découverte de ses sources étrangères ; j'oserai dévoiler l'action forcée de sa politique, et les dangers prochains et redoutables qui menacent l'Europe par le fait de l'envahissement successif et persévérant des peuples slavons, dont les nationalités, qui ne manquent pas de culture, se fondent peu à peu dans la masse brute du colossal empire des czars. J'arriverai après à l'indication d'un principe consistant à baser l'état politique de l'Europe sur des nationalités libres et indépendantes de ses peuples, principe qu'on ne saurait réaliser sans accorder à la Pologne son territoire intégral. En dernier lieu, je m'arrêterai pour faire un appel pressant à l'intérêt général de l'humanité, ainsi qu'au bon sens politique.

Néanmoins, à une époque entachée de matérialisme et de fourberie, on doit peu compter sur l'influence quelconque des vérités expérimentales, fussent-elles les plus opportunes et les plus justes. Il est difficile à cette heure d'attirer et de fixer l'attention des peuples aussi bien sur des infortunes réputées étrangères que sur des périls dont l'imminence n'est pas pressante. Une réforme radicale doit régénérer tôt ou tard l'économie morale et politique de l'Europe, où la corruption moderne et ancienne marchent de front. L'égoïsme marchand, l'aristocratie bourgeoise, possesseurs ou créateurs des priviléges, et suivis par l'indifférence des classes aisées qu'ils alimentent, remplissent les bords du tableau du siècle; tandis qu'au milieu, une foule d'intérêts surannés se cramponnent avec des efforts convulsifs à la dernière ancre de salut que l'orage du progrès lui a laissée.

Les nombreux malheurs et les désastres de la Pologne étaient déjà bien connus; son insurrection succomba sans secours; l'ordre de sang fut rétabli à Varsovie; nos enfans et nos concitoyens allèrent peupler les mines d'Oural, vrais enfers de la Sybérie; une longue suite de spoliations et de supplices frappa nos fortunes et nos têtes; quatre années d'exil se sont appesanties sur nous; tout a été consommé à la vue des peuples libres et des gouvernemens libéraux, et, dans les parlemens de deux puissantes nations, la voix protectrice de notre nationalité eut peine à se faire jour. D'où vient donc qu'un seul mot, jeté par l'autocrate à la face des citoyens de Varsovie, mot nul après l'accomplissement de tant de faits horribles, ait spontanément ému les esprits et les cœurs jusqu'alors peu attentifs et peu sensibles? D'où vient qu'on a poussé l'étonnement jusqu'à attribuer l'allocution du czar à une maladie héréditaire? Cette manifestation instantanée de l'opinion me paraît ressembler un peu à l'insouciance de ce propriétaire de maison, qui, informé qu'un incendie avait éclaté dans son voisinage , s'enquérit de la distance, et ne s'éveilla qu'au moment où les étincelles s'abattaient sur son front.

Si Nicolas , au lieu de menacer de foudroyer la ville , eût donné l'ordre de démolir la citadelle qui la domine , le sort de la Pologne serait resté le même. Mais peut-être l'aurait-on surnommé le Titus du Nord ; peut-être, et l'infortune doit se résigner à tout, nous aurait-on félicité d'être les esclaves d'un maître aussi généreux.

A nous Polonais, ce n'est pas la clémence d'un despote qu'il nous faut, mais une patrie indépendante ! Ah! nous souffrons, et la pitié reste toujours stérile, notre sang a perdu son prix, nos dévouemens sont de vains souvenirs : égarés par la douleur, bientôt nous ne saurons plus distinguer en quoi diffère l'oppression d'un tyran, d'avec l'affection d'un peuple libre.

Le langage de la terreur est un langage habituel de l'absolutisme. En est-il un seul qui ne l'ait employé? Existe-t-il une seule nation qui ne l'ait entendue ; un seul pays dont les charrues ne se soient heurtées contre les débris des cités détruites par ses rois ?

L'homme est le sujet de la mort , sa parole lui survit souvent, et souvent devient loi; le langage d'un despote n'est autre que celui de la forme de son gouvernement.

Où donc est-elle, qu'on me la prouve , cette faiblesse? Où est-il cet égarement de l'autocrate? Dix années s'écoulent à peine, et déjà son règne se remplit d'exploits. Il monte sur un trône octroyé (4), la révolte se lève, il paraît, et elle meure (5). Devant lui le prestige tombe et le Balkan s'abaisse. Le vautour du Caucase expire à ses pieds (6). Prudent ravisseur, il vomit une lave de combattans contre la vaillance polonaise.

Arbitre-né du sort de ses peuples, il rougit d'une couronne populaire, elle roule, et son lustre s'éteint dans la poussière. L'Europe exténuée fait briller quinze cent mille baïonnettes ; lui, à sa face, il arrache des parchemins de Vienne les dernières libertés de la Pologne. L'avenir de son empire, voilà son enfant ; il s'empare à l'entour de tout élément qui peut lui convenir. A Kalisz, à Miéchov, à Isaktcha, à Erivant (7), sont les débouchés de ses routes militaires, des colonnes militaires vont s'y orner des noms Strasbourg, Vienne, Constantinople et Calcutta.

Où est-elle sa folie? Alexandre-le-Grand s'en vantait ; Pompée et Trajan lui ont dû leurs lauriers ; elle guidait Mahomet, elle sanctifia Charlemagne, elle écrasa, sous Attila, les colonnes exercées de l'antique Rome ; Napoléon y succomba.

Il règne avec vigueur, celui qui a su peser son sceptre, deviner la nature des élémens qui l'entourent, la nécessité qui commande à son cœur, qui déborde ses actions. Ce que vaut la Pologne, Nicolas l'a mieux compris à l'égard de la Russie, que l'Europe pour elle-même.

Sur la hauteur d'un trône placé au milieu des tempêtes, entouré par les spectres des affreux souvenirs, basé sur l'esclavage, la superstition et l'ignorance ; sur un trône dont le possesseur souverain tient entre ses mains le glaive et l'encensoir (8), où seul il est loi vivante, peuple, et s'aime seul : là où l'obéissance passive est la seule vertu protégée, où la corruption et la crainte sont les principaux moyens de gouvernement, où les vices utiles ont droit aux honneurs, où des traîtres étrangers sont appelés à la prime des faveurs, où la trahison et la révolte vont la mèche allumée, où enfin la majorité remuante des populations subjuguées est grosse d'insurrections et de haines ; là , sur cette position, l'égoïsme s'identifie avec le devoir, la conservation des abus devient la règle nécessaire. C'est alors qu'abhorrant le tyran je regrette l'homme ; esclave d'un système qui le domine, il faut que tout autour de lui se fasse esclave ; il doit faire peser le présent sur l'avenir, il doit craindre, étouffer, bâillonner la liberté : elle enlèverait le charme, il deviendrait l'égal des autres, il périrait, car l'empire s'écroulerait. L'équilibre de l'arbitraire où le trouvera-t-il ? Bien régner doit être pour lui bien surveiller et bien fouiller le terrain qu'il exploite. Voilà la tâche de l'autocrate ; elle est immense, terrible : se résigner à tout heure à violer le sentiment de l'humanité, imposer silence à la justice , éviter la clémence, se montrer avare de grâces, nourrir sans relâche l'orgueil des grands et l'avidité des chefs, appesantir un bras de fer sur le boyar et sur le prétorien, opposer continuellement à elles-mêmes les forces brutes de l'énorme machine de l'état , entretenir le mouvement des masses armées, pourvoir chaque jour à une nouvelle pâture de tous les intérêts qui en demandent, élargir sans cesse l'étroit espace de ce dédale politique, qui devient plus étroit à mesure qu'il s'accroît ; telle est l'inévitable loi à laquelle un despote, à laquelle Nicolas ne saurait se soustraire. Pour arriver à l'unité gouvernementale, il doit dissoudre dans son système tout ce qui tient à la nationalité des peuples conquis. Sa table impériale doit s'affaisser sous la charge des rubans, des dotations, des bijoux et des titres ; tandis qu'un espion, un bourreau, un canon et une charrette d'exil doivent veiller et être prêts à l'antichambre : l'héritier du trône doit trembler devant son pouvoir souverain ; il doit, et c'est dire assez, mener l'em-

pire comme l'a mené Pierre-le-Grand, comme Catherine II en a donné l'exemple, et il ne peut rester où
Alexandre s'est arrêté. La nécessité des conquêtes doit s'en-
suivre; mais l'humanité y perdrait tout.

Les Romains civilisaient au moins les peuples conquis ;
l'Inde a profité sous la domination des Anglais : mais un
état conquérant, qui, partout où il voudrait étendre sa su-
prématie, ne saurait rencontrer que des élémens supérieurs,
des civilisations établies, état qui, par sa nature et pour
son salut, doit mettre tout à son niveau, son alliance serait
une anomalie; son voisinage est toujours périlleux, son pa-
tronage toujours funeste, à moins que l'on n'aille jusqu'à s'a-
genouiller pour baiser la griffe de satan ou mériter l'honneur de tenir son fléau.

Arrêtons maintenant notre attention sur les fastes con-
temporains, embrassant tout ce qui a trait à la Pologne ,
ainsi qu'à la position politique des états qui l'avoisinent, afin
de pouvoir en déduire la nécessité de son existence.

La révolution française, en relevant les droits et les nationalités des peuples, changea notablement la moralité et l'action de la politique; elle parvint d'abord à modérer les gouvernemens despotiques et à miner leurs bases. On a reconnu
depuis, que les temps du bon plaisir sont passés à jamais,
ces temps où le glaive servait à tracer les limites des pays ,
ces jours des combats seigneuriaux et royaux, où on égor-
geait les populations pour une épouse refusée, pour un
bouffon enlevé, pour un faucon volé au maître , pour un
caprice, une colère, une amourette de souverain. On vit
la fin des guerres de religion, de succession, de conquête ;
on désespéra de pouvoir désormais partager les peuples

comme des troupeaux, se faire présent des villes, mettre des royaumes dans le trousseau d'une fille de prince, remplir les coupes d'or de la sueur et des larmes des sujets ; on ne craignit point de voir une courtisane régler le sort d'une nation. On jugea que fonder un autre Versailles était chose impossible, que la poule pouvait rester au pot du paysan. Vrai songe d'or. A peine quelques nationalités commencèrent-elles à se former et à s'établir sur des lois uniformes, l'usurpation de Napoléon survint ; sa tendance d'arriver à une monarchie universelle arrêta et rompit, par une suite de coups d'état et de victoires inouïes, le développement ultérieur du progrès social. Mais comme la pression des ressorts que ce conquérant employa était trop forte, trop inconsidérée ; qu'une foule d'intérêts, même opposés, fut froissée sans ménagemens et sans choix, le désir de la liberté se fit sentir de nouveau ; les nationalités avilies essayèrent de secouer le joug ; les courages se ranimèrent ; aussitôt les parties intéressées se hâtèrent d'employer ces dispositions spontanées pour combattre avec leur aide le génie de la guerre ; il succomba. L'esprit du temps laissa tomber ses langes.

Peu s'en fallut qu'au congrès de Vienne, qui, dans cette occurrence, entreprit de régler l'édifice européen, la Pologne ne reconquit une existence puissante. La triple alliance, formée par Talleyrand (9), allait rouvrir son tombeau. L'Autriche se disposait à acquitter la grande dette de Polsiski, et portait ses regards vers l'Orient.

Napoléon débarque ; la peur s'empare des alliés ; la vue d'un nouvel empire français effraie les esprits ; Alexandre s'empare habilement de la dictature du congrès ; — Waterloo

livre la France affaiblie et rançonnée au jésuitisme des Bour-
bons.

L'infâme alliance de Pilniz (10), renforcée par l'adhésion des
nouveaux membres, se donne le nom sacrilége de sainte ; elle
s'appuie sur le principe de la légitimité dynastique. On fit
alors main-basse sur toutes les libertés, on ajourna toutes
les promesses ; le partage de la succession napoléonienne
eut lieu d'un côté à la manière du lion, de l'autre au moyen
des nombres : tant d'ames, tant de lieues carrées. Grâce à
ce système infernal, on spolia les plus faibles, on amalgama
les nationalités, on imposa des souverains, et on jeta la
Pologne, avorton informe, dans les bras de ce même Sa-
turne, qui dès long-temps en convoitait la pâture. L'œuvre
d'iniquité accomplie, l'irritation des peuples succéda bientôt
à l'étonnement de se voir frustré dans leurs espérances
qu'elles ont payées de leur sang le plus pur. De là, vinrent
de suite les insurrections de l'Italie, les congrès ambulans,
la croisade contre l'Espagne, l'inquisition de Francfort, et
plusieurs guerres violatrices du droit des gens.

Néanmoins, tous ces expédiens n'ont pu empêcher la
destruction du traité de Vienne. Les journées de juillet firent
évanouir le fantôme de la légitimité dynastique, et conqui-
rent pour la France le précieux principe de la souveraineté
du peuple. La Belgique rompit bientôt son mariage forcé
avec le Batave ; l'incendie de Brunsvick annonça à l'Allemagne la colère des opprimés. Le Saxon même, ami du quié-
tisme, tressaillit pour la liberté. L'insurrection de Varsovie
compléta le tableau de ces réactions sublimes ; et le géant
du nord, arrêté dans son courroux sauvage, rompit sur
la Vistule ses forces préparées pour le Rhin. La France fut

préservée ; rien n'est venu préserver la Pologne. Son anéantissement est-il sans préjudice pour l'Autriche ? Il est bien temps qu'elle sorte de sa léthargie. Le traité de Vienne est en lambeaux. La France s'est abritée par la Belgique, qu'on organisa contre elle ; elle s'est fortifiée par le principe conquis. La Russie s'est agrandie par la destruction définitive de la Pologne ; la Turquie est aux abois.

Du moment où le sceptre de l'empire germanique tomba de vétusté des mains de François II, l'Autriche est devenue slavonne (11). Ce n'est plus sur le Rhin, c'est sur le Diester et le Danube qu'elle doit fixer son attention politique.

Le contact immédiat, sur la plupart de ses frontières, des populations slavonnes formant la grande majorité de ses sujets, avec celles dont la Russie s'est déjà emparées, et d'autres sur lesquelles elle exerce une double influence par son culte et par l'affinité des idiômes ; ce contact n'est rien moins que très dangereux pour la stabilité de la maison de Habsbourg.

La poignée de montagnards du Tyrol, le peu de ceux de la Syrie, les bourgeois de Leinz et de Vienne, ne lui suffisent plus pour soutenir sa nationalité allemande. La Grande-Moravie paraît être destinée à son sceptre. La mer Noire lui doit être accesssible, elle doit garantir Constantinople, et, de son côté, être garantie par la Pologne.

Depuis le traité de Vienne, la position de l'Autriche, affaiblie par la distraction de ses forces pour garder ses possessions de l'Italie, dont les populations irritées abhorrent son joug, est devenue chanceuse. Lors dudit traité, le royaume de Pologne, tel qu'il l'a établi, jouissant d'une nationalité distincte et d'une chartre constitutionnelle, couvrait, j'ose le dire, par son armée nationale, le grand chemin deTeschen (13). LaMoldavie et laValachie ne servaient pas encore de casernes aux armées moscovites. Les bouches du Danube étaient sous la garde de la Turquie ; le Balkan fut encore réputé inaccessible ; la vue d'un grenadier russe saisissait d'une sainte horreur un uléma ; le trésor du sérail ne payait pas encore la solde de la garde des czars ; les arsenaux de Bujukdere n'approvisionnaient pas les flottes de Sébastopol. Aujourd'hui, les étendards du Kremlin se déploient sous les portes de Cracovie, dont la neutralité a déjà été une fois violée. La clef du Danube a passé entre les mains de l'autocrate ; le Balkan a perdu son prestige ; la Transylvanie est cernée ; Semlin est menacée ; l'uniforme vert s'est froissé contre la mosquée de Mahomet ; l'influence schismatique se répand en Hongrie, et les paysans slavons de ce pays n'attendent qu'une occasion favorable pour se lever en masse contre les seigneurs Magdars qui les oppriment. Enfin, la Servie est presque devenue un fief de la Russie.

Sans une Pologne indépendante et forte, la Prusse ne pourra jamais parvenir à être dotée d'institutions libérales ; son état anormal la force de camper au milieu de l'Europe, et d'entretenir un absolutisme militaire qui, quoiqu'il soit assez tempéré, pèse néanmoins par son poids matériel sur ses peuples. Une forme constitutionnelle de gouvernement ne lui permettrait pas de prélever en hommes et en impôts autant de ressources qu'il lui en faut pour se maintenir à la hauteur d'une puissance de premier ordre. Son système actuel est cependant le seul qui s'adapte convenablement à l'étendue de ses frontières, éparpillées sur cinq cent lieues, depuis Me-

nul jusqu'à Sarrebruck; le seul qui lui convienne, en considé-
rant le défaut d'harmonie dans sa législation, les vices ou plu-
tôt l'absence d'une nationalité, ainsi que de cette affection
générale et franche des populations, qui, par elle-même, est
une force, et ne fait, lorsqu'elle vient à manquer, qu'affaiblir
un corps politique; en dernier lieu, la position de la Prusse,
entre la France constitutionnelle et la Russie absolue, équi-
voque et précaire, la met toutefois, à cause de la similitude des
principes gouvernementaux, à la suite de cette seconde; à
quoi, si nous ajoutons une infériorité relative à l'égard des
trois grandes puissances qui l'entourent, il résulte qu'elle ne
saurait aucunement remplacer la Pologne dans la balance européenne. Le congrès de Vienne tâcha en vain d'y parvenir; il
fut impossible de donner au corps politique de la Prusse une
stabilité que l'origine de sa formation lui refuse; il a fallu, pour
compléter les douze millions de population dont on l'a dotée,
recourir aux mêmes moyens réprouvés par la morale publique, qui antérieurement ont servi de base à son existence
monstrueuse. Les inconvéniens que présentait toujours sa position militaire devinrent plus évidens. Le manque d'homo-
généité politique, dont elle souffrait déjà, s'est accru. On n'a
pu revêtir son nom d'une nationalité appartenant à un peuple exterminé, depuis plusieurs siècles, par le glaive de l'ordre teutonique.

Une Pologne puissante peut seule fixer le sort politique
de la Prusse, la délivrer d'un système onéreux et impopu-
laire, qui l'expose à des chances périlleuses; lui faire réaliser
ses espérances nationales de 1813, dégrever ses finances, ses
industries haletantes par le désarmement devenu alors possible; lui garantir, sans les convoiter, ses possessions sur la

Prégel. C'est dans son voisinage inoffensif qu'elle pourra concentrer, avec des avantages immenses, sa vraie nationalité allemande. Oui, c'est à côté de la Pologne que la Prusse, riche de son industrie, fière de sa civilisation, qui en fait l'Athènes de l'Allemagne, libre et heureuse, ne manquera pas d'être appelée à la présidence de la Confédération germanique qui aujourd'hui s'en effraie.

Suède, pauvre Suède, déchue de ta gloire, victime des folies guerrières de tes rois, qu'as-tu recueilli de tes invasions sur le sol polonais? Que sont devenus tes lauriers, que sont devenues tes terres antiques ? Spoliée de tes héritages précieux, honteusement indemnisée aux dépens d'un voisin, ton allié naturel, te voilà condamnée, comme un nouveau Tantale, à regarder cette capitale orgueilleuse, bâtie sur ta dépouille ! ces flottes menaçantes abritées par tes golfes ! guidées par tes matelots! armées de tes ressources! cette riche Livonie que tu as su envahir injustement, et que tu n'as pas su conserver! ton sentiment national se reporte avec douleur vers cette Finlande, fertile compagne de tes exploits et de tes infortunes ; vers ce peuple guerrier qui, aujourd'hui esclave de ton ravisseur redoutable, ne sait plus que combattre sous ses ordres. Quels ne doivent pas être tes regrets sur cette Pologne, si long-temps ta sœur, qui, si elle survivait, saurait bien faire respecter ton indépendance et restituer tes villes !

Ma thèse ne serait pas suffisamment remplie si, m'attachant exclusivement à la question européenne, j'hésitais de dire que la Russie elle-même doit désirer le rétablissement de la Pologne. Elle aura repris alors le nom antique de Moscovie ; puissante par elle-même, maîtresse chez elle, délivrée des distractions des conquêtes, n'étant plus un objet de terreur et de haine, opulente par le commerce de ses cinq mers, fière de ses deux capitales et appuyée sur sa propre nationalité, elle verra une nouvelle ère de prospérité luire pour elle. L'adoption des institutions libérales lui deviendra possible ; elle sera à même d'organiser sa législation, faire ressortir des ténèbres de l'ignorance les aptitudes morales de ses peuples, les appeler à la liberté et à la civilisation, et parvenir à développer par ce puissant concours son industrie commerciale et agricole. N'ayant plus à payer l'entretien d'un million de baïonnettes, elle pourra exploiter largement l'heureuse nature de ses provinces du Don et du lac Caspien, faire fleurir les beaux rivages de la Crimée. Elle n'enverra plus gémir dans les neiges de la Sybérie l'héroïsme de la vertu, l'amour de la patrie et de la liberté, tout ce que l'humanité outragée chérit et redemande aujourd'hui à sa férocité tous ces biens qu'alors elle parviendra à chérir.

Néanmoins, ce grand avenir européen s'arrête devant le tombeau de la Pologne et devant la puissance usurpée de la Russie. Il nous importe donc de reconnaître l'origine de cette dernière, ainsi que les élémens auxquels elle doit son accroissement presque merveilleux.

Jusqu'à l'époque où la Pologne, vigilante gardienne de la jeune civilisation de l'Europe, lui servait de boulevart, les barbares n'ont jamais osé franchir impunément les limites où elle faisait sentinelle. Les hordes sauvages du Volga, consignées dans leurs steps glacés, s'y nourrissaient de pain noir, s'y abreuvaient du sang de leurs chevaux, s'y couvraient de leurs peaux d'ours. Jamais elles n'auraient pu concevoir l'idée qu'elles viendraient un jour ravager les plaines fleuries de

Milan, et qu'elles camperaient victorieuses sur les boule-varts de Paris (14).

Les habitans du grand duché de Moscovie, long-temps tributaires des Tartares, faisaient des incursions, mais ne faisaient jamais la guerre. C'étaient des pillards par habitude et peut-être par besoin; fourbes, cruels et poltrons, ils se jetaient sur des contrées sans défense, et s'enfuyaient plus vite encore à la vue de quelques cavaliers qu'on leur opposait à la hâte (15). Il a suffi, en 1612, d'une petite garnison polonaise pour se maintenir à Moscou pendant deux ans. On n'a pu persuader à Sigismond III, roi de Pologne, d'accepter pour son fils la couronne de leurs czars. Il eut peut-être tort comme homme politique, comme père il eut raison. Le premier exploit remarquable du peuple moscovite, fut la destruction de la cité et de la république de Novogorod (16), de cette lumière précoce du nord; une longue dynastie de tyrans assassins et assassinés, de massacres civils et de conquêtes obscures dans les déserts de l'Asie, composent ses fastes de sang jusqu'à Pierre-le-Grand, dont le génie n'a pu inspirer encore aux boyars ce vrai courage qu'on acquiert difficilement dans les combats faciles, dans des orgies, des incendies et des pillages. Je m'en rapporte au siècle de Chodkiéwitche, je prends à témoins la bataille de Narva (17), où une poignée de huit mille Suédois réalisa, contre ce même Pierre, la fable de la défaite de Xercès.

Qu'est-ce que Pultava, où le grand nombre triomphe? N'est-ce pas aux vaincus qu'appartiennent les lauriers? Sans une femme livonienne qui racheta le czar cerné dans son camp sur le Pruth, c'est dans les sept tours que probablement sa grandeur eût fini (18). Nos rois savaient mourir sur le champ de bataille. En rappelant ces faits, j'ai essayé de prouver qu'il n'est pas de génie, sous un gouvernement absolu, capable de faire ressortir du sein d'une nation des qualités morales, bases véritables de bonheur et de gloire.

Je ne prétends pas insulter au peuple moscovite ; dans mon infortune, je respecte celle des autres, et en est-il de plus grande que l'esclavage ?

L'histoire de ce peuple est l'histoire de l'oppression la plus horrible ; et toutefois, ce qui se rencontre de beau dans ses pages appartient aux opprimés.

Esclave, qu'a-t-il pu faire de plus ? L'amour de la patrie peut seul enfanter l'héroïsme : pour ressentir le vrai courage, le besoin de la vertu, il faut être libre.

L'aristocratie même, sous le gouvernement absolu, perd souvent ses calculs ; la tête d'un boyard y tombe aussi bien du haut de l'échafaud que celle de son esclave, et peu s'en faut que la Sibérie n'ait déjà complété la généalogie des familles moscovites les plus illustres. — Revenons au sujet. L'épuisement de la Pologne, par ses efforts séculaires contre les Tartares et les Turcs, par l'invasion des Suédois et par ses dissentions intestines, profita à la Moscovie. La Livonie devint sa proie ; plusieurs provinces polonaises, au-delà du Dniester, lui furent acquises sans coup férir. L'orgueil fanatique des magnats polonais, cause d'une guerre désastreuse contre les Cosaques insurgés, fit passer dans les rangs moscovites ces fidèles alliés, ce peuple vaillant, idolâtre de la liberté, aujourd'hui dégénéré dans l'esclavage, où toute vertu s'émousse, où tout sentiment s'abrutit. C'est d'ici que commence le progrès réel de la puissance moscovite : le grand duché se transforme en empire , les cataractes du Dniester , les ports de la Baltique, le font asseoir sur deux mers : il ne combat plus seul ; des populations plus aguerries grossissent ses bataillons : il va marcher à des conquêtes plus importantes que celles des déserts de la Sybérie.

Mais alors même la Russie seule était trop faible pour pouvoir mettre en péril l'existence de la Pologne, malgré la léthargie politique où elle se trouvait assoupie. C'est le Tartufe de Sans-Souci , c'est Frédéric qui, à l'aide d'une absolution jésuitique, donnée à la pénitente couronnée, dont il spolia l'héritage, provoqua le crime de lèze-nation , le guet-apens contre la Pologne , alliance monstrueuse, digne de la présidence de Catherine II , dont, en entendant prononcer le nom, l'innocence se croit coupable, le crime rougit, et l'horreur s'épouvante. Le premier partage de la Pologne fut consommé. Le nom de Russie, récemment inventé, et le titre impérial de toutes les Russies, que l'Autriche se gardera bien de compléter, commence à se réaliser ; la nationalité moscovite disparaît ; l'armée, composée d'une majorité des populations conquises, devient russe. La Crimée est envahie ; les murs d'Otchakou s'écroulent. De nouveaux ports sont creusés, des flottes, inconnues jusqu'alors, s'élancent dans l'Euxin, et Constantinople a tremblé.

Les mêmes causes et les mêmes moyens ont amené bientôt la ruine entière de la Pologne ; la part de la Russie fut immense , sa grandeur en devint formidable ; faut-il que les quatre millions de Polonais qu'elle retint récemment sous le joug s'y rangent encore ? Bel équilibre pour les complices d'un forfait que la politique vient enfin de condamner.

Mais sont-ils nombreux les trophées gagnés sur la Pologne; qu'on compte les victoires, les rois prisonniers, les drapeaux enlevés, le nombre des combattans (19). Que l'histoire réponde? Je le demande aux champs de Hundsfeld (20), aux murs de Byczyna (21), aux czars que Zolkiévski a enchaînés (22)! à Frédéric, qui assiégea Varsovie! Nos guerres civiles qu'ils fomentaient, nos vices et nos fautes politiques, voilà leurs armes; y ajouterai-je l'ingratitude perfide d'un voisin, la trahison infâme d'un allié?

Nous avons vu la Russie grossir par la conquête, pénétrons maintenant dans les détails de sa puissance; analysons ses ressources et ses moyens (24).

Sa pose est celle d'un géant; l'immense égide d'un désert couvre ses flancs; le cœur de l'Europe, elle le sent battre sous son pied; sa tête s'appuie sur l'Amérique; semblable au serpent, elle se replie à son gré sur son vaste territoire pour atteindre à son aise sa proie, pour reculer à temps devant l'ennemi qui l'attaque. Le souffle glacial du climat lance devant elle une barrière de neige; la faim et la gelée y attendent l'imprudent agresseur. Son bras, appuyé sur le Caucase, n'a qu'à s'étendre pour frapper l'Inde : il pèse sur le Bosphore, il plane sur plusieurs capitales, et le front de Paris en a senti l'atteinte. Deux pouvoirs suprêmes sont à ses ordres : le pouvoir humain la fait obéir, le divin la fait adorer; tous les deux la font craindre. — Or, la plupart de ses forces se trouvaient à sa disposition sans que son influence eût pesé sur l'Europe. La Pologne existait; c'étaient des forces inertes. Les principaux élémens d'action, ses ressources militaires, c'est en terrain étranger qu'elles les puise. Depuis Archangel jusqu'au Kamtchatka, de Irkoutsk jusqu'à l'Astrakan, une population de plusieurs millions, sauvage, misérable et errante, ne contribue en rien pour alimenter l'empire. Le Caucase ne saurait être maintenu sans gardes; il faut surveiller la Finlande; la nation cosaque (25), décimée sur mille champs de bataille, est prête à secouer le joug.

Le nombre des troupes que la Russie peut tirer de son pays central lui suffiraient à peine pour une guerre défensive. Mais aussitôt que je porte mes regards étonnés vers la Dwina, le Dnieper et la Vistule, j'aperçois le matelot de la Crimée et de la Livonie, je regarde avec douleur des centaines de mille de braves paysans polonais, qui, à eux seuls, sous l'étendard de la liberté, écraseraient leurs oppresseurs, traînés dans les rangs des esclaves moscovites, grossir leurs bataillons, remplir leurs nombreux escadrons. Je vois la Livonie et la Courlande l'enrichir par des hommes d'état et des officiers supérieurs. Ses colonies militaires où sont-elles établies (26)? Ministres, généraux, matelots et soldats, tout ce qui est étranger à son sol, retranchons-le, et le prestige s'évanouit. Le matériel de guerre qu'emploie la Russie, d'où vient-il? où sont-ils élevés ces chevaux infatigables qui traînent ses canons, qui portent ses cavaliers? quelles plaines nourrissent ces bœufs dont la chair et les dépouilles alimentent, pourvoient ses armées? où se trouvent-ils ces champs dont les récoltes assurent les mâts de ses vaisseaux et leur donnent des voiles? à qui sont les ports où ses escadres s'abritent? d'où viennent les nombreux millions qui affluent dans son trésor (27)? Supposons à la suite de cet aperçu que la Pologne est à jamais perdue, admettons que sa nationalité est éteinte, que son peuple, prosterné à la voix des popes stupides, frappe de son front une terre dont les moissons sont dévorées par ses tyrans ; tout est changé : la gracieuse langue de Sigismond

s'est fondue dans l'idiome du Moscovite ; la mélodie volhy-
nienne ne se fait plus entendre., les rochers de Cracovie ne
résonnent plus de la gaîté bruyante des improvisations vil-
lageoises. Les tombeaux sont sans nom ; les ossemens sont
mêlés ; la voix de la tradition apprend à peine qu'il y eut
un peuple ; tout est silencieux , tout est esclave , tout est
barbare. Supposons même que d'autres populations slavonnes
ont passé successivement sous le joug, que cette masse entière est une , parle la même langue , reconnaît le même
maître absolu : la mousse couvrira à peine ma tombe, et si
ma cendre venait à se ranimer, citoyen bien différent d'autres
fois , je n'aurai plus de larmes à verser pour ma patrie , tous
ses fils auront disparu , mes souvenirs ne sauraient plus être
compris ; tout me sera étranger sur cette terre de désolation et
de misère, les hommes et leurs ouvrages. Mais j'aurais reparu
pour être témoin d'un phénomène terrible. Saisi d'épouvante
à l'aspect d'une forêt immense et mouvante de lances et de
baïonnettes, je la verrai s'étendre sur les moissons d'une
région tout entière ; j'entendrai le roulement des milliers de
chars sous des bronzes meurtriers : bronzes arrachés des en-
trailles d'Oural par les enfans de ces mêmes exilés , qui ,
aujourd'hui, réclament en vain la justice des nations. J'entendrai gémir les vastes plaines de l'Oukraïne sous les pas de
cavaliers innombrables , je les verrai s'ébranler et se perdre
dans une nuit de poussière ; et cette armée attilienne , liée et
conduite par la même chaîne de l'obéissance aveugle , je la
verrai prête comme un simoun brûlant , comme un ouragan
que rien n'arrête , fondre sur l'Europe étonnée.

Toute trêve est interdite ; dans ce camp des cannibales ,
nul ne comprendra les droits des peuples ; la voix de la li-

berté et de la pitié sera trop faible pour percer ce mur d'airain; la raison du plus fort seule y aura la dictature ; on n'y entendra que des hurlemens affreux , que des cris épouvantables, que des insultes barbares contre toutes les nations réunies. On y éprouvera la soif du sang ; l'envie du pillage y mordra furieuse le frein de la soumission. Les passions brutales s'égaieront d'avance des idées du viol. On y entendra les sifflemens des nœuds-coulans, préparés aux cous des captifs. C'est au nom d'un Dieu de superstition et de carnage que s'avancera enfin cette colonne foudroyante.

Le souvenir de Charles-Martel viendra rassurer mon esprit atterré ; toutefois, je verrai les vastes incendies de Berlin et de Vienne, éblouissant le jour ; l'Elbe, grossie par le sang, roulera effrayée une multitude de pontons, de cadavres. Les braves populations de la Germanie , écrasées et foulées, les unes éperdues, erreront dans le Harz ; les autres feront frémir la forêt d'Hercinie de leurs cris de détresse ; enfin ! j'apercevrai le drapeau tricolore , et les vainqueurs de Mozaysk m'apparaîtront, luttant les derniers, et corps à corps, contre cette effroyable invasion.

L'expérience des siècles a reconnu que l'art de la guerre, bien des fois, a été impuissant contre des masses de barbares , se levant comme un seul homme ; automates de fer, dont la chute écrase ; corps éprouvés , dont le climat fait la trempe ; cœurs durs, inaccessibles aux regrets, aux remords, et dont le courage n'est jamais amolli par aucun sentiment d'humanité; êtres aveugles, vivant et mourant pour obéir. Voyez leurs champs de bataille, ils y sont moissonnés par millions, et, s'il en reste, les femmes des vaincus deviennent leurs esclaves. Que n'eussent-ils fait, si, en outre, ils eussent été mieux armés, s'ils eussent connu la tactique de l'ennemi, s'ils eussent été à même de soudoyer des renégats et des traîtres civilisés pour les commander et pour les conduire.

Compatriotes! rassurez-vous, l'Europe éclairée va se lever tout entière, une population de soixante-dix millions de Slavons (28) dont l'accroissement progressif étonne la statistique, ne sera pas réunie en masse compacte aux ordres de la Russie ; la conservation de la nationalité de vingt millions de Polonais (29) en deviendra le garant. Pourrait-elle, en effet, cette Europe civilisée, voir sans douleur les fils de la Pologne, d'une Pologne qui si long-temps fut son bouclier, à jamais esclaves ! à jamais malheureux ! Voudrait-elle qu'ils viennent un jour, changés en hordes barbares, la frapper de leurs armes fratricides, dévaster ses champs, détruire ses villes, ravir et violer ses filles? Hélas ! avec la même valeur ils mépriseront également le danger ; même vigueur dans leurs bras soulevera leurs glaives, même force soutiendra leur corps. Mais ils auront perdu le sentiment de la liberté : indifférens aux malédictions des peuples, ils ne sauront reconnaître leurs crimes. Etrangers au sentiment de la reconnaissance, devenus plus cruels par l'habitude des souffrances, plus dévoués à tout genre de crimes, sous la loi d'une obéissance absolue, plus aveuglés par la superstition et l'ignorance, ils iront se jeter comme des bêtes féroces sur tout ce qui aujourd'hui est sacré pour eux, sur tout ce qu'ils devraient chérir, sur les descendans de ceux dont l'hospitalité généreuse a consolé leurs frères proscrits.

Se pourrait-il bien que la France permît que des Polonais qui auraient cessé de l'être, eux seuls en Europe, dont les mains n'ont jamais été teintes de son sang ; frères d'armes qui tant de fois se sont associés à ses lauriers, et qui sont toujours prêts à combattre avec elle et pour elle ; que ses amis séculaires, en tournant leurs armes contre elle , soient condamnés à l'horreur d'un forfait dont la pensée seule fait frémir?

L'Angleterre, cette patrie superbe des Fox et des Canning, imposera aussi son *veto*. On ne traînera pas, à travers les plaines de la Perse , la terre de Lahore , des milliers de nos frères polonais ; on ne verra pas leurs cadavres, jonchant la terre, servir de route aux agresseurs de l'Inde. Sa prévoyance arrivera à temps pour s'opposer à l'enlèvement des clefs du Sund et des Dardanelles par le concours forcé des peuples de la Vistule ; son inaction ne l'exposera pas à voir bientôt des flottes russes, construites sans obstacle dans le vaste bassin de l'Euxin, les débarquer à Portsmouth, non plus comme des exilés sans armes , mais comme des ennemis cruels.

Pour empêcher l'accomplissement de tous ces événemens désastreux, pour que l'envahissement de l'Inde et la conquête de Stamboul devienne à son tour une chimère des czars; la Pologne de Batoris doit être relevée de ses cendres; il faut qu'on défende sa nationalité, qu'on prévienne sa ruine (3o). Le moment est flagrant; l'ennemi veille, agit, frappe ; déjà nous voyons nos universités abolies, nos écoles supprimées, nos monumens pillés, nos bibliothèques spoliées , nos temples envahis, nos souvenirs nationaux brisés, nos enfans... et bientôt il n'y en aura plus, les uns peuplent les déserts de l'Asie, les autres s'appliquent sur les bords de la Néva à combattre pour les czars, d'autres enfin se dressent à parler la langue de leurs anciens esclaves.

C'est ici la voix de la Pologne éplorée qui s'adresse à l'Eu-

rope; c'est un peuple cruellement outragé, lâchement aban-
donné. C'est la plainte solennelle qu'il dépose au nom de
l'humanité, devant le tribunal équitable des nations, devant
l'arbitre du juri que représente la puissante opinion invoquée
par Canning. Nous parlons ici pour le salut de la civilisation,
pour l'assurance du grand avenir des nations. Mais nous seuls
redemander la Pologne? Nous seuls réclamer son existence?
Est-ce un devoir seulement pour nous! Notre cri de détresse
se fera-t-il seul entendre? Et vous, peuples, ne vous leverez-
vous pas ensemble; vous à qui la liberté est chère encore,
qui en conservez le désir, ne mêlerez-vous pas vos cris aux
nôtres?

Appelez-en, nous vous conjurons, à toutes les industries
opprimées, à tous les budgets, à toutes les familles appau-
vries par l'impôt, à toutes les mères qui chérissent leurs enfans, à toute la masse des intérêts sociaux. C'est à l'existence
de la Pologne libre, entière et indépendante, que Dieu a fixé
l'ancre du bonheur des siècles à venir. Voilà où se trouve la
digue contre la barbarie, la garantie de la liberté générale
et de celle du commerce. La délivrance du sol antique, de la
Pologne, pourra seule réaliser par tout le désarmement, l'a-
mortissement de la dette nationale, et asseoir enfin cette paix
universelle, vain rêve des philosophes. La Pologne est la
nécessité de l'Europe.

NOTES.

—

(1) La diète constituante de 1791 fit une révolution politique en faveur du peuple, faisant ainsi un grand pas vers son émancipation successive. L'insurrection de Kosciuzko s'efforça, en 1794, de maintenir la liberté du pays. Tous les gouvernemens que la Pologne a subis depuis cette époque jusqu'en 1830, n'étaient rien moins qu'imposés. L'insurrection de novembre avait pour but unique de revendiquer tous les droits imprescriptibles de la nation, et comme le temps assigné dans la charte de 1791 pour sa révision est révolu, on n'aurait aujourd'hui qu'à y procéder dans l'esprit du progrès social.

(2) A la bataille de Raclawice, 1794, les paysans armés de faulx remportèrent une victoire complète sur un corps russe régulier et très supérieur en nombre.

(3) Les légions polonaises.

(4) Alexandre a changé l'ordre de la succession au trône qui appartenait au grand-duc Constantin.

(5) La révolte de la garde impériale à l'avénement au trône de Nicolas.

(6) Les conquêtes récentes sur la Perse et sur la Turquie.

(7) Villes frontières situées sur les grandes routes conduisant à ces capitales.

(8) L'empereur est chef de l'église schismatique.

(9) Une alliance entre la France, l'Angleterre et l'Autriche était conclue ; cette dernière consentait à rendre la Gallicie , afin de rétablir un royaume de Pologne indépendant de la Russie.

(10) Alliance de Pilnitz, où fut décidé le partage de la Pologne. C'est la même qui depuis a combattu contre la France durant la république et l'empire.

POPULATION DE L'AUTRICHE.

(11) La population de l'Autriche est composée comme il suit :

Allemands du cercle de l'Autriche, de Salzbourg, du Tyrol, de la Styrie et de la Carinthie 3,470,540		
Allemands dispersés en Bohême, en Hongrie et dans les autres provinces non allemandes . . . . , . . . 2,466,661	5,946,201.	
Slavons, Bohême, Moravie, Silésie, Galicie, Hongrie, Styrie, Carinthie et Illyrie. 13,896,666		
Magyars ou Hongrois 4,326,000		
Italiens. 4,400,000		
Valaques. 2,455,974	26,509,135.	
Saxons de la Transylvanie. 783,000		
Zinganis 139,363		
Juifs 739,648		
Nations diverses 28,000		

TOTAL. . . . . 32,455,336.

Ce tableau nous démontre que dans la population de l'empire Autrichien, les Slavons sont pour 2/5 , les autres nations pour 2/5, les Allemands pour moins de 1ƒ5, enfin ces mêmes Allemands dans les provinces purement allemandes n'y sont que pour 1ƒ9.

(12) La grande Moravie, empire slavon du moyen-âge, s'étendait sur toutes les provinces slavonnes de la rive droite du Danube.

(13) En cas d'une guerre contre l'Autriche, il est bien douteux que l'armée constitutionnelle polonaise eût voulu appuyer la Russie, à moins que celle ci n'eût elle-même consenti de rétablir la Pologne dans ses anciennes limites, ce qui n'était pas probable.

(14) *Marche conquérante de la Russie.* Le pays des Varègues, confiné sur les bords nord-est du Wolga, et surnommé Moscovie, jusqu'à l'an 1462, ne comptait, sur 1820 lieues carrées, qu'une population de 6,000,000 d'ames, dont le tiers se composait encore des Finois et des Russiens. Il portait le titre de duché et il était tributaire des Tartares jusqu'en 1480. Ses premières conquêtes un peu considérables furent : celle de Perm, en 1543; celle de la république de Pskow, en 1510; et celle de la république de Nowogorod, en 1548. La richesse de ces états libres et commerçans convoita la première l'avidité des Barbares. La conquête de Kazan et d'Astrakan n'eut lieu que vers l'an 1505. La population de la Czarie d'alors était de 12,000,000 d'habitans, dispersés sur une immense étendue de pays, population en grande partie misérable et sauvage. A l'avénement de Pierre-le-Grand, la population antérieure s'est accrue jusqu'à 15,000,000 ; à sa mort, en 1725, les conquêtes sur les Suédois et autres, l'avaient porté, jusqu'à 20,000,000, et quant à l'armée elle ne s'élevait qu'à 100,000 hommes, dont la valeur est bien constatée par la défaite de Narva, en 1700.

L'avénement au trône de Catherine II donna au système d'envahissement un développement subit et effrayant; dans le court espace d'un demi-siècle l'ancienne population de l'empire fut augmentée d'une nouvelle masse de 40,000,000 de sujets, et porta ainsi leur nombre jusqu'à 60,000,000, et la force armée à 1,000,000 de soldats!! Ce résultat, presque inconnu dans l'histoire des na-

tions, eut lieu tandis que tous les états européens restèrent sta-
tionnaires dans leurs anciennes limites. En présence de ces faits
incontestables, on a peine à concevoir sur quoi les politiques ont
prétendu baser leur pauvre système de l'équilibre.

(15) 1612.

(16) Il y avait dans le douzième et treizième siècle , au nord de
la Moscovie, deux républiques limitrophes, celle de Nowogorod
et celle de Pskow. La première exista pendant 443 ans, depuis
1135 jusqu'en 1578 , et depuis 1430 elle était sous la protection de
la Lithuanie et de la Pologne. En 1276 , les villes anséatiques y
établirent un de leurs principaux comptoirs. Sa capitale était une
cité opulente et peuplée. Les chroniques du temps lui donnent
jusqu'à 400,000 habitans. Son commerce était vaste , et il fut un
temps où son territoire s'étendait depuis le lac Peypus jusqu'à la
mer Blanche et à l'Obi ; alors elle avait pour alliée la ville très
commerçante de Perm. Ivan Varilevitche la mit à feu et à sang
en 1578.

La république de Pskow, beaucoup plus petite s'établit dans; le
treizième siècle et dura jusqu'en 1509; unie avec les villes hanséa-
tiques, elle jouissait également de la protection de la Pologne
avant qu'elle ne fût envahie par les Moscovites. Les habitans du
territoire qu'occupaient ces deux républiques diffèrent peu des
petits Russiens.

(17) Bataille de Narva , en 1700. Charles XII y commandait
8,000 Suédois, et Pierre-le-Grand 100,000 Moscovites.

(18) Catherine Skowronska , fille d'un gentilhomme livonien ,
femme du czar.

(19) Pendant neuf siècles, depuis l'époque où leur histoire est
certaine, les Polonais n'ont jamais combattu qu'en nombre infé-
rieur.

(20) Célèbre bataille gagnée sur une immense armée d'Allemands, commandée par Henri V. Boleslas III, roi de Pologne, y
combattait à la tête de ses braves.

(21) L'archiduc d'Autriche, Maximilien, fait prisonnier à l'affaire de Byczyna, en 1588.

(22) Les deux czars Chouyski faits prisonniers par Zotkiewski, en 1612. Deux siècles après, les Polonais revinrent à Moscou avec l'armée de Napoléon.

(23) Le roi de Prusse, Frédéric-Guillaume II, après avoir trahi l'alliance avec la Pologne, assiége Varsovie avec une armée de 40,000 hommes, et s'enfuit honteusement, le 6 septembre 1794.

POPULATION ACTUELLE DE LA RUSSIE.

(24) *a* Provinces polonaises envahies :

1° Depuis 1654 jusqu'en 1772. . .   5 800,000

2° Depuis 1772 jusqu'en 1812, y compris le royaume du congrès de Vienne 15,000,000

3° Provinces polonaises que la Russie a conquises sur les Turcs et les Suédois, savoir : la Livonie, l'Estonie et le Cherson. 1,500,000

      22,300,000.

b Provinces russes anciennes et conquises sur d'autres peuples :

1° Russiens de plusieurs races dont les idiômes sont à peu près les mêmes. 17,900,000

2° Différentes nations, comme Finois, Tartares, peuples du Caucase et de la Sybérie. 10,000,000

3° Moscovites Varègues 10,200,000

      38,100,000.

TOTAL. . . . . 60,400,000.

Ainsi, dans cette masse de population, les provinces envahies sur la Pologne sont pour 1/3, les Russiens pour à peu près 1/3, les autres nations pour 1/7 et les Moscovites-Varègues pour 1/6.

(25) Le nom de Cosaques est d'origine tartare ; ils parlent l'idiome des petits Russiens. Leurs principales branches connues

sont : les Zaporogues ou les Cosaques du Dniéper, les Tcharnomores ou les Cosaques de la mer Noire, ceux de Slobodes, du
Don et d'Oural. Ils combattent à cheval, et forment une espèce de
république militaire.

Les Zaporogues, formés en nation depuis 1300, alliés de la république de Pologne, l'appuyaient, pendant plusieurs siècles, dans
toutes ses guerres. L'intolérance et les vexations des seigneurs polonais les réduisirent, en 1748, à la révolte, et amenèrent dans la
suite leur soumission aux czars de la Russie. Ils allèrent se refor-
mer de l'autre côté du Dniester, sous la dénomination de Cosaques
des Slobodes. Catherine II, qui redoutait leur esprit turbulent, les
fit désarmer en 1775. Depuis cet événement, un grand nombre
d'entre eux s'étant distingués dans les guerres contre les Turcs, le
gouvernement leur concéda, en 1792, un territoire de 2825 lieues
carrées sur la mer Noire, et on les surnomma Tcharnomores : ils
fournissent 3,000 cavaliers à la couronne.

Les Cosaques du Don ont succédé aux Tartares chassés de ces
contrées. Leur colonie s'organisa militairement, à l'instar des Zaporogues ; ils établirent leur capitale à Tcherskask, près de l'em-
bouchure du Don, en 1570, et devinrent vassaux de la Moscovie ;
leur nombre est de 500,000 hommes, dont 35,000 toujours prêts
à monter à cheval. Ils jouissent de plusieurs libertés; mais lorsque
la couronne les requiert, ils sont obligés de marcher en masse.
Le département de la guerre adresse ses ordres à l'ataman ou hetman, général en chef de cette nation de soldats. Le peuple décide
à la pluralité des voix, si et comment on doit mettre en exécution
les propositions du gouvernement. Il y a des exemples où la majorité s'est opposée; c'est pour cela qu'on cherche peu à peu, et
par différens moyens, à réduire l'esprit démocratique de ce
peuple au niveau des autres Russes.

Les Cosaques d'Oural, dont la population n'excède pas aujour-
d'hui 30,000 ames, sortis des Cosaques du Don, s'établirent en république sur le fleuve d'Oural ; ils sont célèbres par leurs ancien-

nes expéditions militaires, sous leur hetman Pugatchef; ils firent trembler l'empire de Cathreine II. Aujourd'hui ils ont perdu leurs libertés.

(26) **Lors de l'établissement** de colonies militaires, il a fallu marier les colons; voilà comment on s'y prit : on mit en réquisition dans les capitales et autres villes de l'empire, toutes les femmes galantes. La comtesse Branitska, fille naturelle de Catherine II, fit une levée de mille paysannes dans ses biens. Pour la cérémonie du mariage, on rangea en ligne, et vis-à-vis les uns des autres les hommes et les femmes; les popes vinrent ensuite parcourir les rangs, et après la bénédiction nuptiale, chaque soldat s'en alla avec la compagne que le sort lui avait destinée.

(27) Il y a deux races distinctes de Slavons au-delà du Dniéper, c'est-à-dire les Russiens proprement dits, et les Varègues-Moscovites qui les ont subjugués. Les premiers ont conservé leur physionomie nationale; leurs yeux noirs ou châtains, leurs cheveux bouclés, leurs traits plus beaux, leur taille plus élevée, leur langue plus musicale les distinguent et les font reconnaître au premier coup d'œil. Les Varègues-Moscovites se sont fondus avec les Finois et les Huns, ce qu'on voit à leurs cheveux roux ou jaunes-bruns, ainsi qu'à leur physionomie sauvage et tant soit peu hébétée. Le caractère moral du paysan moscovite diffère aussi : avide, intéressé, astucieux, sans foi ni probité dans ses transactions avec les étrangers, il est tout entier aux ruses de son commerce ou de son métier. Pierre-le-Grand disait avec raison : « Que s'il défendait aux Israélites l'entrée de son empire, c'était absolument dans leur propre intérêt, afin d'empêcher qu'ils ne fussent dupés par ses sujets.»

Le Russien, indolent, méfiant, généreux, ne pense guère au lendemain; il a recours pour son commerce aux talens des Juifs, des Grecs et des Moscovites, toujours prêts à exploiter sa bonne foi. Il a une démarche franche, un regard assuré, un maintien décent. C'est du sein de petits Russiens qu'est sortie originairement

la libre et fière nation des Cosaques. Le Moscovite, au contraire,
semble, par le laps des siècles et par son mélange avec les Huns,
façonné au joug de l'esclavage. Le mot *Russe* n'est qu'une inven-
tion politique faite positivement pour absorber la différence des
races, et pour servir de prétexte à de nouvelles conquêtes.

Wasil Iwanowitsch se fit grand-duc de toutes les Russies ; son
fils, qui prit le titre de czar (roi), en 1558, y persista ; et après ce
dernier, Pierre-le-Grand se surnomma empereur de toutes les
Russies. Jusqu'à cette époque les Russes s'appelaient eux-mêmes
Moscovites, nom que toujours on leur donne en Pologne. Les
droits que la Russie (l'ancienne Moscovie) prétend établir sur la
possession des terres russiennes ne sont rien moins que prouvés.
Le sauvage pays des Varègues était presque inconnu ; on voit seulement, en 1015, ces barbares servir comme soldats mercenaires
dans l'armée du duc de Kijow, attaquée par Boleslas Ier, roi de
Pologne. Les grands-ducs de Kijow régnaient sur des peuples russiens d'une race toute différente, tandis que les chefs Varègues
n'occupaient que les environs de Susdal, de Rostow et de Vladi-
mir. C'est Mendog Gédynim et Olgierd, grands-ducs de Lithuanie,
qui, depuis 1245 jusqu'en 1330, joignirent à leurs anciennes possessions la Russie blanche, ainsi que la Russie noire et la majeure
partie de la petite Russie, pays qu'ils ont délivré de l'asservisse-
ment des Tartares Mongols. En partant de cette époque, et après
l'union de la Lithuanie à la Pologne, tous ces pays, divisés
en palatinats, ne formèrent pendant cinq siècles qu'une seule
et même nation, jouissant des mêmes droits. La fraternité des
peuples russiens avec les Polonais ne s'est jamais démentie ;
animés de l'amour de la même patrie, ils n'ont jamais aban-
donné ses drapeaux, ils partagèrent toujours ses succès et ses
malheurs. L'horreur contre les Varègues Moscovites enflammait
toujours leurs cœurs ; leurs chansons nationales respirent jusqu'aujourd'hui cette haine profonde, qui n'est que trop justifiée par les
nombreuses incursions de ces barbares ennemis, qui osent inso-
lemment se prévaloir de leur nom.

(28) La population slavonne se trouve partagée comme il suit :

La Russie,

  Slavons envahic en Pologne. 19,000,000   }

  Slavons de la Russie, les Mos-   50,000,000.

  covites compris . . . . . . 31,000,000 }

L'Autriche. . . . . 13,900,000.

Prusse,

  Silésie, Posen, etc. . . . . 2,300,000.

Turquie,

  Servie, Bosnie, Bulgarie, Montenegro, etc. 3,800,000.

Saxe, Luzace. 2,000,000.

Cracovie. . . . . 140,000.

      Total. . . . . 70,340,000.

(29) POPULATION ACTUELLE DE LA POLOGNE
DANS SES LIMITES DE 1772.

La Russie possède. . , ... 15,000,000   }

L'Autriche. 4,400,000

La Prusse 1,700,000   21,240,000.

Cracovie. 140,000   }

Ainsi la Russie possède à peu près quatre fois autant que l'Autriche, et neuf fois autant que la Prusse.

Un cent cinquantième de Polonais jouit à peine de sa nationalité.

(30) Une guerre contre la Russie du côté de l'Allemagne ne présente pas, sans la participation de l'Autriche, des résultats assez prompts et assez décisifs. Une puissance maritime, appuyée par le concours du peuple polōnais, par la coopération volontaire ou forcée de la Turquie, et, s'il y a lieu, de celle de la Suède, qui y retrouverait sa politique nationale, pourra seule attaquer cet empire avec des chances de succès très certaines. La Russie, avant que les Dardanelles ne tombent en son pouvoir, n'est réellement vul-

nérable que par la mer Baltique et par la mer Noire. La destruction de ses flottes la mettrait d'abord dans une position très critique.
Ses moyens financiers seraient frappés. Un corps suffisant de troupes, débarqué dans le golfe de Finlande, détacherait d'elle cette
province, et menacerait Saint-Pétersbourg. Une expédition faite
en même temps contre Cherson, en compromettant les provinces du
Caucase et la Bessarabie, s'avancerait au cœur de l'empire. Toutes
les ressources de guerre de la Russie sont concentrées sur ce point.
Là, se trouvent des populations qui n'aspirent qu'à la liberté. Le
climat y est tempéré; il y existe des moyens sûrs pour l'approvision-
nement des armées. Une insurrection effectuée parmi les Cosaques
du Don et du Kouban priverait l'ennemi de toute sa cavalerie lé-
gère. L'ancienne Pologne se leverait en masse. La Russie, attaquée
ainsi par ses flancs et sur son front, ne pourrait nulle part présenter de grandes masses armées, ses forces étant éparpillées et
ses communications rompues. Les insurgés auxquels on fournirait
des armes, en s'organisant, appuieraient aussitôt les opérations du
côté de la Dwina et du Dniéper. La mer étant libre, on se pour-
voirait facilement du matériel de guerre, tandis que l'ennemi serait forcé de faire ses transports à des distances très considérables,
et en les exposant aux coups des partisans.